D1920794

Charles Tazewell
Der kleinste Engel und der Weihnachtsstern
Erzählungen

Aus dem Amerikanischen von
Ursula von Wiese

Sanssouci

Die amerikanische Originalausgabe von *Der kleinste Engel und der Weihnachtsstern* erschien 1946 u. d. T. *The littlest Angel* bei Childrens Press, Chicago, und erstmals auf deutsch 1958 im Arche Verlag, Zürich. Die Erzählungen *Die kleinste Glocke* und *Der kleinste Winterkobold* wurden dem Erzählband *Weihnachtsboten* entnommen, erschienen 1963 im Arche Verlag, Zürich. Die amerikanische Originalausgabe erschien u. d. T. *Charles Tazewell's Littlest Stories* bei Rolton House Publishers, New York.

Sanssouci Verlag AG, Zürich
Alle Rechte vorbehalten
Lizenzausgabe mit freundlicher Genehmigung
der Verlags AG Die Arche, Zürich
© 1958, 1963 by Verlags AG Die Arche, Zürich
Umschlag: Hannes Binder
Satz: Uhl + Massopust, Aalen
Druck, Bindung: Ebner Ulm
Gedruckt auf Fortuna Standard
holzfrei, chlorfrei, pH-neutral, alterungsbeständig
Steinbeis Temming Papier GmbH, Glückstadt
Printed in Germany
ISBN 3-7254-1016-X

Inhalt

Der kleinste Engel
und der Weihnachtsstern

Vor vielen, vielen Jahren nach menschlicher Berechnung, aber erst gestern im Himmelskalender, da war einmal im Paradies ein sehr unglücklicher, sehr betrübter Cherub, der im ganzen Himmel als der kleinste Engel bekannt war. Er war genau vier Jahre, sechs Monate, fünf Tage, sieben Stunden und zweiundvierzig Minuten alt, als er vor dem ehrwürdigen Torhüter erschien und darauf wartete, in das strahlende Reich Gottes eingelassen zu werden.
Trotzig stand er da, spreizte weit die kurzen braunen Beinchen und gab sich den Anschein, als ob ihm der unirdische Glanz gar keinen Eindruck machte, und als hätte er nicht die geringste Angst. Aber seine Unterlippe zitterte, und er mußte sich einer Träne schämen, die auf seinem ohnehin verweinten Gesicht eine neue Furche

hinterließ und auf seiner sommersprossigen Nasenspitze plötzlich haltmachte.
Das war aber noch nicht alles. Während der freundliche Torhüter den Namen in sein großes Buch eintrug, versuchte der kleinste Engel, der wie gewöhnlich sein Taschentuch vergessen hatte, die beschämende Tatsache durch ein Geschnupfe zu verbergen. Das war ein ganz unengelhaftes Geräusch, worüber der gute Torhüter so sehr erschrak, daß er etwas tat, das ihm noch nie zuvor widerfahren war. Er machte einen Tintenklecks!
Von diesem Augenblick an war es mit dem himmlischen Frieden nicht mehr wie früher, und der kleinste Engel brachte bald die himmlischen Heerscharen zur Verzweiflung. Sein schrilles, ohrenbetäubendes Pfeifen ertönte zu allen Stunden auf den goldenen Straßen. Es erschreckte die alten Propheten und störte sie beim Nachdenken. Ja, zu allem sang das Englein bei den Proben des Himmelschores unweigerlich und schauerlich falsch und verdarb damit die zauberhafte Wirkung.
Da es so klein war, daß es immer doppelt so lange Zeit brauchte wie die andern, um zum

Abendgebet zu kommen, verspätete es sich jedesmal und stieß die Flügel der andern durcheinander, wenn es an seinen Platz eilte.

Dieses schlechte Betragen hätte man ja nun übersehen können, aber das Aussehen des kleinsten Engels war noch schlimmer als sein Benehmen. Zuerst ging unter den Seraphim und Cherubim nur ein Geflüster um, doch schließlich wurde es unter den Engeln und Erzengeln laut gesagt: Er sah nicht einmal wie ein Engel aus!

Das stimmte leider. Er sah wirklich nicht wie ein Engel aus. Sein Heiligenschein wurde immerzu trübe und glanzlos, weil er ihn beim Rennen mit seinem heißen Patschhändchen festhielt, und er rannte ja fortwährend. Stand er aber einmal still, dann saß ihm der Heiligenschein nicht so auf dem Kopf, wie es sich gehörte. Er rutschte ihm stets über das rechte Auge. Oder über das linke Auge. Oder er rutschte ihm aus schierer Bosheit vom Hinterkopf und rollte eine goldene Straße hinab, so daß ihm das Englein nachjagen mußte.

Ja, es muß auch gesagt werden, daß seine Flügel weder nützlich noch zierend waren. Im Paradies hielten alle den Atem an, wenn sich der kleinste

Engel wie ein unglückliches flügges Spätzlein am äußersten Rand einer vergoldeten Wolke niederließ und sich auf den Abflug vorbereitete. Er trippelte zaghaft hin und her, und nach viel gutem Zureden und einigen verkehrten Ansätzen schloß er die Augen, hielt seine sommersprossige Nase zu, zählte bis dreihundertdrei und stürzte sich langsam in den weiten Raum. Da er leider immer vergaß, die Flügel zu bewegen, fiel er Hals über Heiligenschein hinunter.
Es wurde auch berichtet und nie abgestritten, daß der kleinste Engel an den Flügelspitzen knabberte, wenn er aufgeregt war, was häufig vorkam.
Man kann also leicht verstehen, daß der kleinste Engel früher oder später bestraft werden mußte. So wurde ihm denn an einem ewigen Tag im ewigen Monat eines ewigen Jahres befohlen, in seiner ganzen kleinen Persönlichkeit vor dem Friedensengel zu erscheinen.
Der kleinste Engel kämmte sich das Haar, staubte seine Flügel ab, schlüpfte in ein beinahe sauberes Gewand und machte sich dann schweren Herzens auf den Weg zur Richterstätte. Er versuchte den gefürchteten Urteilsspruch hin-

auszuschieben, indem er auf der Straße der Schutzengel trödelte und ein paar ewige Augenblicke stehenblieb, um die lange Liste der Neuankömmlinge eingehend zu betrachten, obgleich der ganze Himmel wußte, daß er kein Wort lesen konnte. Hierauf verschwendete er mehrere unvergängliche Minuten mit der sorgfältigen Prüfung der ausgestellten goldenen Harfen, obwohl jeder in der Himmelsstadt wußte, daß er nicht imstande war, eine Viertelnote von einer Sechzehntelnote zu unterscheiden. Doch schließlich und endlich näherte er sich langsam einem Portal, über dem eine goldene Waage kundtat, daß dort die himmlische Gerechtigkeit geübt wurde. Zu seiner großen Überraschung hörte der kleinste Engel drinnen eine fröhliche Stimme singen.

Der kleinste Engel nahm seinen Heiligenschein ab, hauchte kräftig darauf und rieb ihn mit seinem Hemdzipfel blank, wodurch das unordentliche Aussehen seines Gewandes nicht gerade verbessert wurde, und dann ging er auf den Zehenspitzen hinein. Der Sänger, den man den Engel des Verstehens nannte, schaute auf den kleinen Sünder nieder, worauf sich das Englein sogleich unsichtbar zu machen trachtete. Sehr schlau ging es dabei vor; wie eine erschrockene Schildkröte zog es den Kopf in den Kragen seines Gewandes. Da lachte der Sänger – es klang lustig und herzerwärmend – und sagte: »Aha, du bist also derjenige, der den Himmel so unhimmlisch gemacht hat. Komm her, Cherub, und erzähle mir alles!«

Der kleinste Engel wagte einen schüchternen Blick hinter seinem Gewand hervor, erst mit dem einen Auge und dann mit dem andern.

Plötzlich, ehe er sich's versah, saß er auf dem Schoß des verständnisvollen Engels und erklärte, wie schwer es für einen kleinen Jungen war, sich auf einmal in einen Engel verwandelt zu sehen. Ja, was die Erzengel auch sagen mochten, er hatte nur einmal geschaukelt. Je nun, zweimal. Also gut, dann hatte er eben dreimal auf dem Himmelstor geschaukelt. Aber das war ja nur aus Langeweile geschehen!

Das war das ganze Übel. Es gab für einen kleinen Engel nichts zu tun. Und er hatte großes Heimweh. Oh, nicht etwa, daß es im Paradies nicht schön wäre! Aber die Erde war auch schön. Hatte Gott sie nicht selbst geschaffen?

Ja, dort gab es Bäume, auf die man klettern konnte, Bäche, in denen man angeln, und Höhlen, wo man Räuber spielen konnte; dort gab es einen Plantschteich, Sonne und Regen, Dunkelheit und Dämmerung und weichen, warmen Sand unter den Füßen!

Der Engel des Verstehens lächelte, und in seinen Augen dämmerte die Erinnerung an einen andern kleinen Jungen auf... das war lange her. Dann fragte er den kleinsten Engel, was ihn im Paradies denn am glücklichsten machen würde.

Das Englein überlegte ein Weilchen und flüsterte ihm ins Ohr: »Die Schachtel. Ich habe sie zu Hause unter meinem Bett gelassen. Könnte ich sie wohl wieder bekommen?«

Der Engel des Verstehens nickte. »Du sollst sie bekommen«, versprach er. Und ein schnellfliegender Bote wurde sogleich abgesandt, die Schachtel ins Paradies zu bringen.

In all den zeitlosen Tagen, die nun folgten, wunderte sich jeder über die große Veränderung des kleinsten Engels; denn von allen Cherubim im Reiche Gottes war er der glücklichste. Sein Benehmen war über jeglichen Tadel erhaben. Er

sah geradezu vorbildlich aus. Und auf den Ausflügen zu den paradiesischen Gefilden flog er wie ein Engel, das konnte man wirklich sagen.
Dann geschah es, daß Jesus, der Sohn Gottes, in Bethlehem von Maria geboren werden sollte. Als sich die frohe Kunde im Paradies verbreitete, freuten sich alle Engel und erhoben die Stimme, um das Wunder aller Wunder, die Ankunft des Christuskindes, zu preisen.
Die Engel und Erzengel, die Seraphim und Cherubim, der Torhüter und der Flügelmacher, ja sogar der Heiligenscheinschmied ließen ihre gewöhnliche Arbeit ruhen, um ihre Geschenke für das heilige Kind zu bereiten. Alle, außer dem kleinsten Engel. Er setzte sich auf die goldene Treppe und wartete gespannt auf einen guten Gedanken.
Was konnte er nur dem Sohne Gottes schenken, was eignete sich am besten? Eine Zeitlang träumte er davon, ein zartes Anbetungslied zu komponieren. Aber der kleinste Engel war leider sehr unmusikalisch.
Dann kam ihm der erregende Gedanke, ein Gebet zu verfassen. Ein Gebet, das immerdar in den Herzen der Menschen leben würde; denn es

sollte ja das erste Gebet sein, welches das Christuskind hörte. Aber der kleinste Engel hatte leider gar keine Begabung zum Schriftsteller. Was, oh, was konnte ein kleiner Engel schenken, das dem heiligen Kind gefallen würde?

Die Zeit des Wunders stand nahe bevor, als sich der kleinste Engel endlich für seine Gabe entschied. An dem großen Tage holte er sie stolz aus ihrem Versteck hinter einer Wolke hervor und legte sie bescheiden, mit gesenkten Augen vor dem Throne Gottes nieder. Es war nur eine kleine, ungehobelte, unscheinbare Schachtel; doch sie barg alle die wunderbaren Dinge, die sogar ein Kind Gottes schätzen mußte.

Eine kleine, ungehobelte, unscheinbare Schachtel lag zwischen all den andern herrlichen Geschenken der Engel des Paradieses, zwischen Geschenken von solch seltener und strahlender Pracht, von so atemraubender Schönheit, daß der Himmel und das ganze Weltall im Widerschein des Glanzes erstrahlten. Als der kleinste Engel dies sah, erkannte er plötzlich, daß sein Geschenk für Gottes Kind unehrerbietig war, und er hätte seine schäbige Gabe gern zurückgenommen. Sie war häßlich. Sie war wertlos.

Könnte er sie nur vor dem Blicke Gottes verbergen, bevor sie bemerkt würde!
Es war jedoch zu spät. Die Hand Gottes bewegte sich langsam über die schimmernde Reihe glänzender Gaben, dann hielt sie inne, dann senkte sie sich, dann ruhte sie auf dem geringen Geschenk des kleinsten Engels.
Der kleinste Engel zitterte, als die Schachtel geöffnet wurde und vor den Augen Gottes und all seiner himmlischen Heerscharen sichtbar ward, was er dem Christkind darbot.
Und was wollte er dem heiligen Kind schenken? Oh, da war ein Schmetterling mit goldenen Flügeln, den er an einem hellen Sommertag in den Bergen über Jerusalem gefangen hatte, und ein himmelblaues Ei aus einem Vogelnest in dem Olivenbaum, der die Küchentür seiner Mutter beschattete. Ja, und zwei weiße Steine von einem schlammigen Flußufer, wo er und seine Freunde wie braune Biber gespielt hatten, und auf dem Boden der Schachtel lag ein schlaffer, zerbissener Lederriemen, das Halsband seines mischrassigen Hundes, der gestorben war, wie er gelebt hatte, in unendlicher Liebe und bedingungsloser Treue.

Der kleinste Engel weinte heiße, bittere Tränen, denn jetzt erkannte er, daß sein Geschenk keine Ehrung, sondern eine Gotteslästerung war.
Wie hatte er die Schachtel nur so wundervoll finden können? Wie hatte er nur annehmen können, daß der Gottessohn diese ganz und gar nutzlosen Dinge lieben würde? In verzweifeltem Entsetzen drehte er sich um und lief davon, um sich vor dem göttlichen Zorne des himmlischen Vaters zu verstecken. Aber er stolperte und fiel, und mit einem Schreckensschrei und Heiligenschein-Geklapper rollte er wie ein trauriges Häufchen Elend vor den Thron Gottes.
Es herrschte unheilvolle, furchtbare Stille in der Himmelsstadt, vollständige Stille, die nur von dem herzzerreißenden Schluchzen des kleinsten Engels gebrochen wurde.
Da erklang plötzlich wie Himmelsmusik die Stimme Gottes und tönte durchs Paradies.
Und Gott sprach: »Von allen Gaben der Engel gefällt mir diese kleine Schachtel am besten. Sie enthält Dinge der Erde und der Menschen, und mein Sohn ist geboren, ihr König zu sein. Dies sind Dinge, die auch mein Sohn kennen, lieben und wertschätzen wird, und trauernd wird er sie

zurücklassen, wenn seine Aufgabe auf Erden vollendet ist. Ich nehme diese Gabe im Namen des Jesuskindes an, das heute nacht von Maria in Bethlehem geboren wird.«

Es entstand eine atemlose Pause, und dann erstrahlte die ungehobelte, unscheinbare Schachtel des kleinsten Engels in hellem, unirdischem Licht. Das Licht wurde zu einer leuchtenden Flamme, und die Flamme wurde ein strahlender Stern, der die Augen der Engel blendete.

Keiner, außer dem kleinsten Engel, sah den Stern von seinem Platz vor Gottes Thron aufsteigen. Nur er, er ganz allein schaute zu, wie der strahlende Stern in hohem Bogen über das Himmelsgewölbe flog, stehenblieb und sein klares, weißes, lockendes Licht über den armseligen Stall ausgoß, wo ein Kind geboren ward.

Dort leuchtete er in der Wundernacht, und sein Licht strahlte durch die Jahrhunderte tief in die Herzen der Menschen. Doch die irdischen Augen, die auch von dem Glanz geblendet waren, vermochten nicht zu erkennen, daß dies das geringe Geschenk des kleinsten Engels war, und so nannten die Menschen es immerdar

»Leitstern von Bethlehem«

Die kleinste Glocke

Es war einmal, in einem uralten goldenen Zeitalter, ein glückliches, friedliches Dorf, das sich zwischen purpurroten Bergen in ein grünes Tal schmiegte. Auf dem Platz, der das klopfende Herz dieses Dorfes bildete, stand eine weiße Kirche mit hohem Turm. Im Turm hingen acht Glocken an einem großen Balken, der dreimal dicker war als der Leibesumfang des dicksten Dorfbewohners. Es waren schöne Bronzeglokken mit eingravierten lateinischen Sätzen, die von der Macht und Herrlichkeit des Herrn kündeten. Diese Glocken hatte man in einem kleinen Segelschiff, das auf dem weiten Meer kaum größer als eine Nußschale zu sein schien, auf gefährlicher Fahrt meilenweit aus einem andern Lande gebracht.

Jeden siebenten Tag läuteten die Kirchenglokken süß und rein. Ihre Musik erfüllte alle Winkel und Spalten des grünen Tales und stieg zu den Gipfeln der purpurroten Berge auf. Am Weihnachtstag erhoben sich die acht frohen Stimmen sogar noch höher. Sie schwangen sich immer weiter aufwärts, bis sie das ferne blaue Himmelsgewölbe trafen, und dann sanken sie wie Schnee, um das ganze wilde Land außerhalb des Tales mit melodischen Flocken zu bedecken.

Die fallenden Töne wurden von rauhen Männern vernommen, die in der Wildnis jenseits des Tales lebten. »Habt ihr das gehört?« sagten sie listig und verschlagen zueinander. »Wiegt sie einmal in den Ohren – haben sie nicht einen reichen Klang? Derartige goldene Töne können nur von Glocken aus reinstem Gold stammen! Ho, laßt uns gehen und sie uns holen!«

Wie ein Schwarm gieriger Heuschrecken stürmten sie ins Tal hinunter; aber groß war ihre Enttäuschung, als sie erfuhren, daß der Reichtum des Dorfes nur aus Liebe, Glück und Glauben bestand, aus lauter Dingen, die man nicht rauben konnte. In ihrer Wut verwüsteten die wilden Männer das Tal und machten alles

Schöne schwarz und häßlich. Flammen verzehrten die Häuser und die weiße Kirche. Die Glocken im Turm fielen und wurden tief unter den Trümmern begraben; sie sangen nicht mehr zu den Gipfeln der purpurroten Berge hinauf, zum blauen Himmelsgewölbe, zu Gott im Himmel.

Jahrhunderte zogen über das Tal hinweg. Die Wildnis jenseits der purpurroten Berge verschwand. Wo einst wilde Männer ihr Lager aufgeschlagen hatten, da dehnten sich jetzt Städte aus. An den Ufern der Flüsse, die sie befischt hatten, summten emsige Fabriken. Ihre alten Jägerpfade wurden unter Landstraßen begraben, deren breite Schultern sich ungeduldig durch Obstgärten, Bauernhöfe und Weinberge stießen.

Eines Tages erkletterte eine Asphaltstraße, die immer viel kühner ist als ihre Betonbrüder, die purpurroten Berge, wand sich wie ein vergnügtes Hündchen vor und zurück und schlüpfte in das vergessene Tal hinunter. Die Jahre hatten mit ihrer Sonne und ihrem Regen das Tal geheilt, so daß es wieder grün und schön war wie vor langer Zeit. Die Asphaltstraße freute sich so sehr über ihre Entdeckung, daß sie die Menschen mit lauten Rufen aufforderte, ihr zu folgen. Und die Menschen folgten ihr. Bald wurde auf den Trümmern des alten Dorfes ein neues erbaut. Wenn man von den Bergen auf das grüne Tal und die dichtgedrängten roten Dächer blickte, erinnerte das Dörfchen an eine Stechpalmengirlande. Deshalb sprach man nur noch vom Weihnachtstal, und dieser Name blieb ihm.

Als an einem Werktag die Trümmer des einstigen Dorfplatzes weggeräumt wurden, fand man eine kleine Metallkassette. Darin lag ein vom Alter vergilbtes Pergament, und als man die verblaßten Zeichnungen und Schriftzüge entzifferte, erkannte man, daß es von dem Baumeister stammte, der an dieser Stelle einstmals ein Gebäude errichtet hatte.

»Das war ja eine Kirche!« rief der Bürgermeister.

»Eine schöne Kirche aus weißem Stein mit hohem Turm!« bekräftigten die Gemeinderäte des neuen Dorfes. »Und mit acht Glocken, die das Tal mit Musik erfüllten!«

»Könnt ihr euch vorstellen, wie süß sie am

Weihnachtstag klingen würden?« fragte der Bürgermeister. »Ach ja, wir wollen diese Kirche wieder bauen! Wir müssen sogleich damit beginnen!«

Langsam, Stein um Stein, erhoben sich wieder die Mauern der Kirche. Dann wuchs der Turm zum blauen Himmelsgewölbe empor. Als er fertig war, hängte man die alten Glocken, die gesäubert und poliert worden waren, an einen neuen Balken, der dreimal dicker war als der Leibesumfang des dicksten Dorfbewohners.

»Eins, zwei, drei«, zählte der Bürgermeister, »vier, fünf, sechs, sieben ... nun sage mir einer, wo ist denn die achte Glocke?«

»Sie fehlt«, antwortete ein Arbeiter. »Wir gruben und wir suchten, aber sie war nicht zu finden.« »Wir müssen aber acht Glocken haben, sonst können wir nicht einmal die einfachste Melodie spielen«, rief der Bürgermeister. »Ich will sofort Auftrag geben, daß man uns eine solche Glocke gießt.«

Eines Abends im Dezember kam die neue Glocke in ihrer Kiste an. Gerade zwei Tage vor Weihnachten wurde sie in den Turm hinaufgeschafft und zu den andern sieben an den Balken gehängt. Sie hatte die höchste Stimme, und darum war sie die kleinste Glocke. Noch nie war sie so hoch oben in der Luft gewesen. Zuerst wurde der kleinsten Glocke nur schwindlig; doch als es dunkelte und sie unter sich nichts mehr sehen konnte außer schwarzer Leere, fürchtete sie sich so sehr, daß sie sich an den dicken Balken klammerte, als ob sie eine braune Ameise wäre, die einen riesigen Rotholzstamm wegtragen wollte.

Als die Dorfuhr die mitternächtliche Geisterstunde schlug, wurde das Bronzegesicht der kleinsten Glocke blaß wie Blech, und sie nahm sich etwas Unerhörtes heraus. Sie ließ ihren Klöppel klappern.

»Wer war das?« dröhnte die größte Glocke, aus dem Schlaf geschreckt.

»Ich nicht«, bummte die zweitgrößte.

»Ich nicht«, bammten und bimmten die nächsten fünf Glocken.

»Dann war es die Glocke, die heute zu uns gekommen ist«, brummte die größte Glocke. Sie schwang vor und blickte über ihren dicken Bauch. »Wenn du Schluckauf hast«, dröhnte sie den Neuankömmling an, »dann halte den Atem an und zähle dabei deine Geburtstage. Das hilft immer.«

»Oh, ich habe keinen Schluckauf«, klingelte die kleinste Glocke. »Und wenn ich ihn hätte, könnte ich ihn auf diese Weise nicht vertreiben. Trotzdem vielen Dank. Ich bin nämlich funkelnagelneu, und ich habe gar keine Geburtstage zu zählen.«

»Gar keine Geburtstage?« Die größte Glocke schlug einen ungläubigen Ton an. Dann ließ sie ihren Klöppel entrüstet klappern und sagte zu ihren Nachbarinnen: »Habt ihr das gehört? Sieben der schönsten Glocken in der Welt, und uns hat man eine blutige Anfängerin aufgebürdet!«

»Es tut mir sehr leid«, rief die kleinste Glocke.

»Dazu hast du auch alle Ursache«, donnerte die größte. »Ich bitte dich, wir haben viele hundert Geburtstage gehabt! Wir wurden in Spanien auf Befehl eines Königs gegossen, und der Name des Mannes, der uns entworfen hat, war drei Meter lang ohne alle seine Titel. Ich erweise dir hiermit die Ehre, uns kennenzulernen. Ich bin Bung, und neben mir kommen in einer Reihe bis zu dir Bum, Bam, Bim, Tong, Tang und Ting.«

»Ich freue mich sehr, euch kennenzulernen«, klingelte die kleinste Glocke. »Mein Name ist Winzie.«

»Du bist nicht gefragt worden«, grollte Bung. »Alle sieben sind wir übrigens reich graviert. Auf mir steht in reinstem Latein *Gott ist die Macht*. Die Worte auf Bum lauten *Gott ist die Herrlichkeit*. Wenn es morgen hell ist, kannst du uns untersuchen.«

»Oh, gern!« bimmelte Winzie. »Das wird sehr lehrreich sein.«

»Steht auf dir auch etwas?« läutete Tong.

»Ich... ich glaube«, klingelte Winzie verlegen.

»Du glaubst?« gongte Bam. »Weißt du es denn nicht?«

»Es steht auf meinem Rücken«, bimmelte die kleinste Glocke. »Und es ist sehr unhöflich, etwas über eine Schulter zu lesen, auch über die eigene.«

»Ting«, donnerte die größte Glocke, »du bist neben diesem Emporkömmling – sieh nach, was auf seinem Rücken steht!«

Winzie schwang vor, und Ting schwang zurück.

»Da steht... oh, bei meiner Form und meinem geschmolzenen Metall!« Ting läutete hohl: »Da steht... *Hergestellt in der Gießerei Jakob Merton in Neuyork!*«

»Ach nein, ach nein!« läuteten die andern Glokken entsetzt.

»Das ist zuviel!« dröhnte Bung entrüstet. »Sieben Berufsglocken, und nun haben wir eine Dilettantin unter uns, noch dazu eine Dilettantin aus Neuyork!«

»Dieser Jakob Merton, der dich hergestellt hat...« gongte Bang, »ist er ein Herzog oder ein Graf?«

»O nein«, bimmelte Winzie. »Aber ich glaube wirklich, er muß ein Engel sein, denn er ist vor mehreren Jahren in den Himmel gekommen.« Die kleinste Glocke schwang unruhig hin und her. »Ich wurde von seinem Sohn gemacht, der Johannes heißt. Ich bin ganz sicher, daß er nur das beste Metall benutzt hat. Ja, ich hörte ihn sagen, daß ich aus Metallüberschuß gemacht worden bin.«

»Oh, do, re, mi, fa, sol, la, si!« stöhnten die sieben alten Glocken. »Sooft sie ihren Klöppel klappern läßt, wird es immer schlimmer! Jetzt gibt sie gar zu, daß ihr Muttererz ein Abfallhaufen war!«

»Na, wir müssen wohl das Beste daraus machen«, seufzte die größte Glocke. »Kannst du überhaupt läuten?«

»O ja«, klingelte Winzie.

»Am besten versuchen wir es mit einer Tonleiter, um zu sehen, ob du auf uns abgestimmt bist. Seid ihr bereit, Glocken? Ein guter Schwung, und dann laßt eine schöne volle Note folgen!«

Die größte Glocke lehnte sich zurück und schwang dann mit einem tiefen, vollkehligen »Doooo!« vor.

Nacheinander taten die andern sechs alten Glokken das gleiche; jede Stimme erhob sich eine Note höher in der Tonleiter. Hierauf warteten sie... und warteten... um Winzie zu hören.

»Nun, wird's bald?« donnerte Bung. »Laß dich hören!«

Die kleinste Glocke war so nervös, daß ihre Kehle voll von trockenem Rost zu sein schien, und ihr Klöppel fühlte sich so schwer an wie ein Fuhrwagen mit zwei Pferden. Mit ungeheurer Anstrengung schwang sie zurück, so weit zurück, daß sie aus dem Turm zu fliegen und im nächsten Augenblick tief unten auf den Platz zu stürzen glaubte. In großem Schrecken schwang sie vor, um sich zu retten, so geschwind und heftig, daß ihr Klöppel mit ohrenbetäubendem Metallklang an ihren Mantel krachte.

Die andern Glocken hingen stumm. Dann versuchten sie nacheinander Winzie zu trösten, denn sie weinte so sehr, daß der mächtige Balken, der dreimal dicker war als der Leibesumfang des dicksten Dorfbewohners, wie eine Bambusstange zitterte. Aber welchen Trost gab es für die Glocke, die Weihnachten verderben würde? An diesem Tage würde es ja in dem grünen Tal keine frohe Musik geben. Winzie, die kleinste Glocke, hatte einen Sprung!

In diesem Augenblick, nach Paradieszeit gemessen, saß Jakob Merton auf seiner Lieblingsbank, die gerade beim Tor zur Ewigkeit stand. Jakob Merton war ein runder, freundlicher kleiner Mann mit ehrlichen blauen Augen und schneeweißem Backenbart. Sein Heiligenschein, der ihm sorgfältig und genau über dem Kopf schwebte, verlieh ihm etwas Würdevolles und Zuverlässiges. Seine Flügel waren makellos und glatt; er war bekannt dafür, daß er nie vergaß, sie auszubreiten, wenn er sich setzte, so daß sie nicht knitterten.

Jakob Merton liebte diese Bank besonders, weil er hier das endlose Kommen und Gehen der Himmelsboten beobachten konnte. Mit einem der Boten hatte er nähere Bekanntschaft geschlossen, und dieser Engel verweilte manchmal bei ihm, um Jakob Merton allerlei Neuigkeiten von seinen alten Freunden in der Gießerei unten in Neuyork zu erzählen.

Jakob wartete hoffnungsvoll, und endlich wurde seine Geduld belohnt.

»Guten Morgen«, rief sein Freund.

»Ein wunderschöner Tag«, begrüßte ihn Jakob.

»Himmlisch«, antwortete der Himmelsbote. »Sehr weihnachtlich unten in Neuyork! Du solltest deine Gießerei sehen! Pakete und rote Seidenbänder überall! Und dein Bild, das im vorderen Büro hängt... erinnerst du dich daran?«

»O ja, gewiß«, bekräftigte Jakob. »Mein Sohn Johannes ließ es in dem Jahr malen, als ich hier heraufkam und mich zur Ruhe setzte.«

»Um das Bild haben sie einen großen Stechpalmenkranz gehängt.«

»Tatsächlich?« gab Jakob strahlend zurück. »Das wäre nicht nötig gewesen.«

»Sie wollten es aber«, lachte der Himmelsbote. »Leider habe ich eine betrübliche Nachricht für dich«, fuhr er fort. »Einer deiner Glocken ist Leid widerfahren. Winzie hat sich im Kirchturm drunten in Weihnachtstal einen Sprung geholt. Jetzt werden sie dort am Weihnachtstag keine Musik haben. Traurig, nicht wahr? Je nun, so ist das Leben. Und nun muß ich weiter! Auf Wiedersehen, Jakob.«

»Auf Wiedersehen«, rief Jakob ihm mit blassem Gesicht und steifen Lippen nach. ›Oh, das ist schlimm, sehr schlimm‹, dachte er. ›Keine Musik am Weihnachtstag, und schuld daran ist nur die Gießerei Jakob Merton. Ach, eine Werkstatt, die ein solches Unglück verursacht, ist nicht besser als ein Mensch, der einem Kind Steine zu Weihnachten schenkt.‹ Er stand entschlossen auf. ›Ich muß etwas dagegen tun‹, sagte er. ›Ich muß sofort etwas dagegen tun.‹ Er eilte durchs Haupttor und dann hinunter zur untersten Stufe der goldenen Treppe.

»Johannes!« rief er. »Johannes, hier ist dein Vater... hörst du mich? Es ist etwas Furchtbares geschehen!«
Er lauschte, vernahm aber keine Antwort.
»Johannes!« rief er, so laut er konnte. Wieder wartete er gespannt. Als er keinen Ton hörte, drehte er sich um und stieg niedergeschlagen die Treppe hinauf. ›Es hat keinen Zweck‹, dachte er. ›Es muß unten in Neuyork sehr kalt sein, und wahrscheinlich trägt er seine Ohrenschützer.‹
Jakob Merton ließ sich auf der obersten Stufe nieder, ohne daran zu denken, seine Flügel auszubreiten, und ohne sich um Knitterfalten zu kümmern. Er überlegte, ob er hinuntergehen und versuchen sollte, die Glocke durch eine neue zu ersetzen. Sogleich schlug er sich diesen Gedanken als unpraktisch aus dem Kopf. Er war kein guter Flieger, und er konnte niemals eine Glocke den ganzen Weg von der Gießerei bis nach Weihnachtstal tragen.
›Mit ein paar Werkzeugen ginge es‹, grübelte er, ›aber wie daran gelangen? Sie sind eingeschlossen, und der neue Wächter in der Gießerei kennt mich nicht. Es wäre ein Wunder, wenn er mich überhaupt einließe...‹

Ein Wunder – das war's! Ein Wunder mußte vollbracht werden!
Jakob sprang auf die Füße und eilte zur Straße der Wunder.
Die Himmelsstraßen waren am Tage vor Weihnachten überfüllt, sogar noch mehr als die Straßen der Städte und Dörfer unten auf der Erde, weil der Himmel die Quelle aller Weihnachtsfeiern war.
Verzweifelt war Jakob bemüht, sich einen Weg durch die dichte Menge zu bahnen. Bei jedem Schritt vorwärts schien er um eine Flügellänge zurückgestoßen zu werden. Beim ersten Jahrtausendkreis verlor er seine Brille. Beim zweiten Jahrtausendkreis verlor er seine Mantelknöpfe. Beim dritten Jahrtausendkreis verlor er seinen Heiligenschein, und er gebärdete sich so ungeduldig wie ein Kind, als er den ganzen Weg zum zweiten Jahrtausendkreis zurückjagen mußte.
Als die Stunden auf den Zehenspitzen rasten, um den Weihnachtsabend zu erreichen, war der arme Jakob Merton schließlich so erschöpft, daß er nicht weiterkonnte. Zerschunden und zerschlagen brach er auf der breiten Treppe des Gebäudes zusammen, welches die mächtige Ab-

teilung für Regen, Sonnenschein und göttliche Kraft beherbergte.

»Aber, Jakob Merton!« hörte er eine erschrokkene Stimme rufen. »Oh, mein lieber Jakob Merton, es tut mir weh, dich so zu sehen. Sogar in Zeiten des Krieges, des geschäftlichen Rückgangs und des Wiederaufbaus warst du für mich das Urbild der Kraft, als ich in deiner Gießerei für dich arbeitete. Erinnerst du dich nicht mehr an mich? Kennst du Albert Schmidt nicht mehr?«

Jakob, dem der Heiligenschein schief über dem Kopf hing, und dessen weißer Backenbart so feucht war wie ein tränengetränktes Taschentuch, machte die Augen auf. Ein älterer Engel mit sanften blauen Augen und schmutzigem Gesicht beugte sich ängstlich über ihn. »Schmidtchen!« rief er verwundert, »Schmidtchen, was tust du denn hier?«

»Hier bin ich beschäftigt.« Albert Schmidt zeigte stolz auf das große Gebäude. »In der Abteilung für irdisches Wetter. Im Wolkenbüro, um genau zu sein. Wolken gibt es nämlich in allen Größen und Farben – dunkel, hell und silbergesäumt. Meine Arbeit besteht darin, in alle die dunklen

Wolken einen Blitz von der richtigen Größe zu stecken. Oh, ich kann dir sagen, ich muß jeden Zick und jeden Zack zählen, wenn ich einen Blitz hineinfalte, denn wenn er abgeht und die Regenwolke zerreißt, muß es genau über der Stelle sein, wo man Regen braucht.«

In Jakobs Augen leuchtete es seltsam auf. »Schmidtchen, könntest du mir ein paar Blitze abtreten?«

»Soll das heißen...« Schmidtchens Heiligenschein stand vor Verwunderung zu Berge. »Soll das heißen, zu deinem persönlichen Gebrauch?«

»Zur Herrlichkeit der Weihnacht und zur Ehre der Gießerei Merton«, antwortete der liebe alte Engel. Dann schilderte er den schrecklichen Unfall, den Winzie, die kleinste Glocke, erlitten hatte. »Aber ich glaube fest, daß ich den Schaden beheben kann, wenn du mir zwei Blitze abtrittst, Schmidtchen«, schloß er überzeugt.

Albert Schmidt ging die Treppe hinauf und öffnete weit die Tür. »Jakob Merton, komm du nur mit mir, dann zeige ich dir die Blitze, die wir auf Lager haben.«

Die beiden alten Engel eilten durch die endlosen, widerhallenden Gänge, durch die verlassene Malabteilung, wo Wolken von Hand mit Morgen- und Abendfarben bemalt wurden, durch den dunklen Saal, wo die unzähligen Formenmuster für Schneeflocken entworfen wurden, durch die kalte Abteilung des Hagels und durch den zugigen Saal der Winde mit den vier großen Gewölben, die die Aufschrift Nord, Ost, Süd und West trugen, und atemlos gelangten sie zu einer festen Schranke mit der flammenden Warnung:

Gefahr
Ungefähr zehn Billionen Volt

»Da sind sie,« sagte Albert Schmidt mit gedämpfter Stimme und wies auf Tausende von schimmernden Blitzen, die, in feuchten Nebel gehüllt, in ihren Sicherheitskisten lagen und beim geringsten Stoß oder Gerüttel in lodernde Wut auszubrechen pflegten. »Welche möchtest du haben?«

»Ein rundes Dutzend der größten«, flüsterte Jakob.

»Gern.« Sorgsam legte Albert Schmidt sechs

tödliche Blitze in Jakobs Arme und suchte dann noch ein halbes Dutzend für sich selbst aus.

»Ach, Schmidtchen!« stöhnte Jakob in plötzlicher Verzweiflung, als er seine alten Beine zittern fühlte. »Sie sind so schwer! Wir werden sie niemals den weiten Weg nach Weihnachtstal tragen können.«

»Wir brauchen sie nicht zu tragen.« Albert Schmidt lachte leise. »Komm nur mit mir!«

Jakob schwankte unter der Last der Blitze, während er Albert durch die Hintertür des Gebäudes zu einem weiten, sternenbeleuchteten Feld folgte. Hier ruhten die schlafenden Wolken in ihren Schuppen gleich großen schwellenden Ballonen.

Albert rief, und aus einer dunklen Öffnung segelte eine dicke schwarze Wolke, in deren Kehle Donner schnurrte. Als er die Wolke streichelte, knurrte sie vor Vergnügen. »Setz dich vorn hin, Jakob Merton, dann kannst du diesen schwarzen Ballon steuern.«

»Aber, Schmidtchen«, stieß der liebe alte Engel hervor, »werden wir nicht viel zu spät fürs Weihnachtsfest ankommen?«

»Mach dir deswegen keine Sorgen«, raunte Albert. Mit sehr lauter Stimme sagte er dann: »Weißt du, was ich vorhin gesehen habe, Jakob Merton? Einen der groben, ungezogenen Wirbelstürme! Einen rasenden Wirbelsturm, der darauf aus ist, eine gute, brave Wolke zu packen und zur Erde hinunterzuschleudern. Großer Barometer! Da kommt der Wirbelsturm! Halt dich fest, Jakob Merton, halt dich fest!«

Die schwarze Wolke donnerte vor Schrecken. Mit angstvollem Sprung, der ihren Fahrgast beinahe abwarf, sauste sie aus der Himmelsstadt mit Lichtgeschwindigkeit.

Es war eine wilde und heiligenscheinsträubende Fahrt, die an diesem Abend nach Weihnachtstal hinunter gemacht wurde. Hätten Astronomen den Himmel beobachtet, so hätten sie den seltsamen Flug am Auffunkeln erkennen können; denn jedesmal wenn die schnelle Wolke an einen Stern stieß, zuckte ein Blitz auf.

Als sie endlich über der weißen Kirche im grünen Tal schwebten, waren nur noch zwei große Blitze übriggeblieben. Der alte Jakob Merton spähte über den feuchten, wogenden Rand der müden Wolke. Dann ergriff er einen gleißenden Blitz und warf ihn flammend ins grüne Tal hin-

unter. Er sauste in den Kirchturm und traf liebevoll die kleinste Glocke mit weißglühendem Strahl.
Die kleinste Glocke glühte rot – orange – gelb – und als das Metall infolge der wunderlichen Hitze weich wurde, verschwand der schlimme Sprung, der ihr Gesicht verunstaltet hatte, und sie war wieder ganz und vollkommen.
»Es wäre echt schade, den zweiten Blitz nicht auszunützen«, sagte Jakob nachdenklich. Er schleuderte ihn hinunter, abermals auf die kleinste Glocke, damit sie einen lauten, reinen, vollkommenen Ton erhielt. Der Inschrift auf ihrem Rücken fügte der Blitz drei Wörter hinzu.

Hergestellt in der
Gießerei Jakob Merton in Neuyork
besonders für Weihnachten

Ja, wirklich, es war eine wundervolle Weihnacht in Weihnachtstal! Die acht frohen Stimmen der Glocken im hohen Turm der weißen Kirche füllten jeden Winkel und Spalt des grünen Tales, stiegen zu den Gipfeln der purpurroten Berge auf und schwangen sich weiter aufwärts, bis sie das ferne blaue Himmelsgewölbe trafen.

Die Stimme der kleinsten Glocke stieg sogar noch höher. Der alte Jakob Merton, der wieder auf seiner Bank beim großen Himmelstor saß, hörte sie deutlich. Auch der Herrgott vernahm sie, denn Er lauscht immer auf solch frohe Stimmen.

Was die kleinste Glocke zu ihnen sagte, bleibt unbekannt; aber zu all den Menschen im grünen Tal sprach sie dieselben Worte, die sie zueinander sagten: »Gottes Segen ... Friede auf Erden und den Menschen ein Wohlgefallen!«

Der kleinste Winterkobold

Jedes Jahr anfangs Dezember...
Wenn aller Zauber des vergangenen Sommers unter einer dicken, warmen Laubdecke tief begraben liegt...
Wenn der Frost allen im Walde, die warmes Wetter lieben, »Schlafenszeit, ihr guten Leute!« zugerufen hat und jeder hohle Baum und jedes Loch in einer Steinmauer eine schlafende Elfe, einen Gnom oder eine Waldnymphe beherbergt...
Dann kommen vom Nordpol her die lustigsten Kobolde des ganzen wundersamen Märchenlandes, die Winterkobolde, die anzeigen, daß bald Weihnachten sein wird. Sie kommen mit jedem Winterwind, der bläst; sie sitzen auf seinem Rücken und hängen zu Dutzenden an seinem Schwanz.

Ein Winterkobold reicht, wie jeder weiß, einem Tannenzapfen gerade bis zum Knie und wiegt acht Stechpalmenbeeren. Er trägt einen hohen, spitzen Hut, so daß er wie ein umgekehrtes Eiskornett aussieht. Er hat eine Erdbeernase, fröhliche Schokoladenaugen, und stets trägt er einen warmen Anzug aus Tuttifrutti, ein Mandelhalstuch und Gummischuhe aus Lakritze. All dies läßt einen Winterkobold sehr lecker und appetitanregend aussehen, und er muß sich sehr in acht nehmen, daß kein hungriger Fuchs oder Wolf die Zunge herausstreckt und ihn, ehe er sich's versieht, geistesabwesend verschluckt.

Aus diesem Grunde vergräbt sich jeder Winterkobold, sowie er an seinem Bestimmungsort angelangt ist, sofort im Schnee. Dann senkt er den Kopf und benutzt seinen spitzen Hut als Ramme, um runde, schöne Tunnels zu machen, wenn er irgendwohin gehen will. Sehr viele törichte Menschen glauben, der Schnee knirsche unter ihren Füßen an kalten Tagen, wenn das geringste Geräusch von der Luft laut und deutlich getragen wird. Aber es ist nicht der Schnee, der diesen Lärm macht, sondern ein aufgebrachter Winterkobold, der in seinen Lakritzengummischuhen auf und ab hüpft und sich beschwert, daß irgendein unbedachter Fuß seinen Tunnel zerstört hat.

Jeder im Märchenreich muß eine bestimmte Arbeit tun – sei es, Libellen zureiten und an den Sattel gewöhnen, sei es, im Mondschein auf dem Fenstersims eines Kinderzimmers ein lustiges Menuett tanzen –, und die Aufgabe der Winterkobolde besteht darin, jede Ortschaft im Norden so schön zu machen wie eine glitzernde Weihnachtskarte.

Das ist keine Kleinigkeit, und neun Monate im Jahr – von März bis November – arbeiten die Winterkobolde oben im Polarkreis fleißig und angestrengt.

Zuerst schaben sie die neugewachsenen Eisfasern von allen uralten Gletschern; dann spinnen sie aus diesen Eisfasern ein Garn, das nicht dikker ist als die Wimper einer Mücke; schließlich setzen sie sich mit ihrer Nadel hin und häkeln Tausende und aber Tausende der zierlichsten, schönsten sternförmigen Schneeflocken, die man jemals erblickt hat.

Wenn der Winterkobold im Monat Dezember

auf dem wilden, bockigen Nordwind südwärts reitet, trägt er einen großen Sack auf der Schulter, der bis zum Platzen mit seinen selbsthergestellten Schneeflocken gefüllt ist. Jedem Winterkobold ist eine bestimmte Ortschaft, eine Stadt oder ein Dorf, zugewiesen worden, die er weihnachtlich schmücken muß.

Ja, und jeder Winterkobold rümpft kritisch die Erdbeernase und läßt prüfend die Schokoladenaugen umherwandern, während er seine kostbaren Schneeflocken auf einem Dach oder einer Hecke anordnet oder um eine Kirchturmspitze windet. Seine Ortschaft muß wie ein Märchenland aussehen, denn wenn der Weihnachtsgeist am Weihnachtsabend um die Welt fliegt, wird er innehalten und sie betrachten. Ist die Stadt besonders schön, so wird der Weihnachtsgeist so nahe heranfliegen, daß jeder Bewohner dort unten seine beglückende Wärme fühlen kann.

Mitunter geschieht es sogar, daß ein vielbeneideter Ort die größte und seltenste Belohnung erhält. Wenn sich der Winterkobold als Meister des Schmückens erwiesen hat und die Stadt einen unvergleichlich schönen Anblick bietet, dann bückt sich der wundersame Weihnachtsgeist und küßt die Spitze des höchsten Kirchturms. Sein Atem ist so warm, daß er in der kalten Winterluft zu Dampf wird und wie ein Heiligenschein über dem Kirchturm schwebt. Wenn das geschieht, herrscht große Freude unter den Winterkobolden. Eine Stadt ist mit einem Feiertag gesegnet worden, an den man sich in allen kommenden Jahren erinnern wird.

Es war einmal ein Winterkobold, der so klein war, daß er in einem Iglu wohnte, den er sich aus einem einzigen Eiswürfel gebaut hatte. Die Schokoladenaugen des kleinsten Winterkobolds waren nicht größer als Stecknadelspitzen, und seine Erdbeernase war noch kleiner als ein schwarzer Punkt auf dem Rücken des Marienkäferchens. Der spitze Hut war ihm viel zu groß, obwohl er nur ein Viertel von einem Fingerhut maß, und er wäre ihm übers Gesicht gerutscht und hätte es vollständig zugedeckt, wenn ihn nicht die abstehenden Rosinenohren festgehalten hätten. Sein Tuttifrutti-Anzug hatte die kleinste Nummer, die der Schneider kannte, war aber an so vielen Stellen eingenommen, daß sich kaum unterscheiden ließ, was Tutti und was Frutti war. Seine Lakritzengummischuhe mußten als Schande für alle Winterkobolde angesehen werden. Sie waren viel zu groß für seine winzigen Füße, so daß der kleinste Winterkobold Hosenträger aus dehnbaren Karamellen benutzte, um sie nicht zu verlieren.

Obwohl der kleinste Winterkobold kaum größer war als ein Flohstich, beseelte ihn guter Wille, und nichts konnte ihn von seinem Entschluß abbringen, etwas zu leisten. Die ganze Zeit, während er an der Herstellung seiner Schneeflocken arbeitete, sang er – für die andern war es beinahe ohrenbetäubend – ein Lied, das er sich eines Nachts in seinem Eiswürfeliglu ausgedacht hatte:

»Ich bin ein winzigkleiner Zwerg,
Und das ist halt mein Los.
Ich sitze hier an meinem Werk,
Obwohl nur halb so groß!

Ich häkle hier aufs allerbest
Schneeflocken wunderschön,

So daß man dann beim Weihnachtsfest
Den schönsten Schmuck wird sehn!«

Doch um die ganze Wahrheit zu sagen, der kleinste Winterkobold verstand sich auf die Herstellung einer Schneeflocke nicht besser als ein Sommerkobold oder eine Maienelfe. Als er das Eis von den alten Gletschern abschabte, schnitt er die Eisfasern kreuz und quer. Und als er sein Garn spann, wurde es nicht so fein und weich wie die Wimper einer Mücke. Es war so dick und drahtig wie das muskulöse Bein einer Hausfliege. Und als sich der kleinste Winterkobold hinsetzte und Schneeflocken zu häkeln begann, lachten alle andern Winterkobolde schallend, so daß ihnen die Bonbonknöpfe von den Tuttifrutti-Anzügen absprangen.
Noch nie hatte man derartige Schneeflocken gesehen. Sie waren so dick und klebrig wie schlechtgebackener Eierkuchen. Sie waren weder rund noch viereckig. Sie waren weder oval noch dreieckig. Sie waren nicht sternförmig und spitzenartig, und wenn eine von ihnen auf das emporgewandte Gesicht eines Sternsingers gefallen wäre, hätte der Arme wahrscheinlich ge-

glaubt, schwabbliger Pudding hätte ihn getroffen.

Als der erste Dezember kam und es für alle Winterkobolde Zeit wurde, die Nordwinde zu besteigen und zu ihrem Bestimmungsort zu fliegen, kam es bei einer Besprechung des obersten Rates zu einer langen und erbitterten Debatte. Es ging um die Frage: »Welcher unselige Ort war klein genug, unbedeutend genug und häßlich genug, daß man ihm den kleinsten Winterkobold und seine abscheulichen Schneeflocken zumuten konnte?«

»Es ist der Antrag gestellt und unterstützt worden«, sagte der müde Versammlungsleiter schließlich, »unseren kleinsten Winterkobold nach Hinterwinkelhausen zu schicken. Einerlei, was er dort anstellt, ich glaube nicht, daß er uns Winterkoboldenen Schande machen kann, weil der Weihnachtsgeist es niemals sehen wird. Hinterwinkelhausen liegt tief verborgen im Winkel eines dunklen Waldes. Wer also dafür ist, den kleinsten Winterkobold dorthin zu schicken, der sage laut: Ja!«

»Ja!« riefen die versammelten Winterkobolde. Damit war die Frage entschieden, und der kleinste Winterkobold wurde angewiesen, den Nordwind zu nehmen, der Granitstaatsexpreß hieß und um acht Minuten vor sieben den Nordpol verließ, und mit ihm nach Hinterwinkelhausen zu reisen.

Jeder andere Dekorateur hätte beim Anblick dieses hinterwäldlerischen Ortes verzweifelt geweint. Hier gab es einen Kaufladen mit schmutzigen Schaufenstern, ein verwittertes Kirchlein mit schiefem Glockenturm und ein paar Häuser, die ebenso verbraucht waren wie die Menschen, die darin wohnten. Aber der kleinste Winterkobold war noch nirgends gewesen, und er fand das Dörfchen wunderschön. ›Ich kann es kaum glauben‹, sagte er zu sich selbst. ›Diese Riesenstadt soll ich ganz allein für Weihnachten schmücken! Oh, beim Tannenbaum, ich will ihnen zeigen, daß ich es kann!‹

Der kleinste Winterkobold grub seine Tunnels, so daß er zu jedem Gebäude in Hinterwinkelhausen gelangen konnte, ohne gesehen zu werden. Der eine Tunnel endete unter einem Schuppen, wo ein paar Farbentöpfe standen. Auf ein Brett malte er mit großen bunten Buchstaben:

!!!Ankündigung!!!
Zum diesjährigen Weihnachtsfest
wird der
unübertreffliche, unvergleichliche,
international geehrte und geliebte
Weihnachtsgeist
persönlich erscheinen
Niemand versäume
dieses einmalige Ereignis!
Vorsitzender
des Ausschmückungskomitees:
Der kleinste Winterkobold

Nun, man kann sich wohl die Verwunderung und Verwirrung der Einwohner von Hinterwinkelhausen vorstellen, als sie eines Dezembermorgens diese Ankündigung an der Kirchentür lasen. Allenthalben klingelte das Telefon, und binnen einer Stunde hatten alle Leute im Umkreis von fünfzig Kilometern die Neuigkeit erfahren.

Die Nachricht ging von Mund zu Mund, und in weniger als zwei Stunden hatte sie die dunklen Wälder durchquert und war auf den Straßen der Hauptstadt angekommen. Die Zeitung in der

Hauptstadt entsandte sogleich mit einem Hubschrauber einen Fotografen, der die Ankündigung des kleinsten Winterkobolds für eine Wiedergabe auf der ersten Seite aufnehmen sollte. Das Reisebüro ließ bekannt geben, daß eine ganze Kolonne von Sonderautobussen mit Ferienreisenden nach Hinterwinkelhausen fahren würde. Der Statthalter telegraphierte dem Pfarrer in Hinterwinkelhausen, er möge ihm und seiner Familie am Weihnachtsabend einen Kirchenstuhl freihalten.

Und alle Hinterwinkelhausener – sie hatten sich inzwischen von ihrem fassungslosen Erstaunen über die Tatsache, daß ihr armseliges Nest für solch ein wundersames Ereignis ausersehen worden war, erholt – krempelten die Ärmel hoch, schlugen einander auf den Rücken und schworen, dem Weihnachtsgeist zeigen zu wollen, was sie zu leisten vermochten.

»Hoppla!« lachte der oberste Magistrat, vergaß sein Zipperlein und machte einen Luftsprung. »Wir wollen ein großes Fest daraus machen und die Stadt weihnachtlich anmalen!«

In den folgenden Tagen wurde geputzt, gefegt, geschrubbt und gemalt, bis jedes verkrüppelte

Gestrüpp festlich glänzte; Hämmer und Glokken klopften und läuteten munter; Menschen lachten herzlich, Kinder riefen fröhlich, Hunde bellten lustig, Katzen schnurrten vergnügt – und unten in seinen Tunnels spannte der kleinste Winterkobold Wäscheleinen, packte seinen Sack aus und hängte seine besonderen Weihnachtsschneeflocken auf.
Während er wartete, bis sie sich von der Reise erholt und alle Falten verloren hatten, sang er sein Lied und übte den uralten Winterkoboldtanz, den man nur in Lakritzengummischuhen ausführen kann.
»Hört!« sagten einige Hinterwinkelhausener. »Das ist der kleinste Winterkobold, der Vorsitzende des Ausschmückungskomitees.« Sogar der Dorfälteste konnte das unterirdische Lied des kleinsten Winterkobolds durch sein Hörrohr deutlich vernehmen:

»... So daß man dann beim Weihnachtsfest den schönsten Schmuck wird sehn!«

Am Vorvorabend von Weihnachten trug der kleinste Winterkobold seine handgehäkelten

Schneeflocken zum Kirchendach. Der Wind blies so kalt und so stark, daß die Schokoladenaugen des kleinsten Winterkobolds tränten; er wischte sie sich mit seinem Mandelhalstuch ab. ›Nun wollen wir einmal sehen . . .‹ sagte er zu sich selbst, ›ich glaube, ich werde alle meine Schneeflocken an einer langen Schnur auffädeln. Dann wickle ich die Schnur um den Glockenturm und binde eine große Weihnachtsschleife.‹

Das war jedoch viel leichter gesagt als getan. Der Wind war nicht nur kalt und stark, es war auch einer jener tückischen, diebischen Winterwinde, denen es Freude macht, eine Mütze, einen Handschuh oder sonst ein kleines Besitztum zu ergreifen und damit wegzulaufen. Der kleinste Winterkobold mußte sich auf seinen Schneeflockenhaufen setzen, um ihn zu schützen, und es war eine ungeheure Mühe, die Schneeflocken aufzufädeln, weil der Wind und der kleinste Winterkobold mit jeder Schneeflocke Seilziehen spielten.

Als die Arbeit fertig war, ergriff der müde Winterkobold das eine Ende seiner langen Schneeflockenschnur und erkletterte die höchste Spitze des Kirchturms. In diesem Augenblick packte der tückische Wind das andere Ende der Schnur und rannte damit weg. Der kleinste Winterkobold, der die Schnur nicht losließ, flog über die Wälder wie der Schwanz eines Drachens.

Vielleicht wäre er als erster Winterkobold rings um die Erde geflogen, wenn er nicht bemerkt hätte, daß sein linker Lakritzengummischuh nicht am Hosenträger befestigt war. Es waren seine besten Schuhe, deswegen ließ er die Schnur los und bückte sich, um den Schuh zu befestigen, und da fiel er raketenschnell zur Erde hinunter.

»O je, o je!« jammerte er. »Das war ein schlimmer Fehler! Jetzt ist es um mich geschehen ...«

Aber es kam anders. Mit lautem Kaugummiknall landete er auf dem knorrigen Ast einer großen Eiche, und wie auf einem Schlitten rutschte er daran hinab und verschwand in einem erschreckenden schwarzen Loch im hohlen Stamm. Er plumpste durch Dunkelheit, die so schwarz war wie das Innere einer Schokoladenstange, und sank auf eine Matratze, die so weich und nachgiebig war wie ein Pudding.

Er blinzelte und sah, daß er sich in einem gemütlichen Baumstammraum befand, der vom

Nachtlicht eines Glühwürmchens warm erhellt wurde. Im Bett saß eine kleine alte Dame, die ihr graues Haar mit Lockenwicklern aus Löwenzahn aufgesteckt und sich bis zum Kinn in einen Schal aus Distelwolle gehüllt hatte.

»So eine Frechheit von einem Winterkobold!« entrüstete sie sich. »Hast du denn gar keine Kinderstube? Weißt du nicht, daß man nicht unaufgefordert hereinplatzen darf?«

»Ich ... ich wußte nicht, daß ich hier eindringen würde«, stammelte der kleinste Winterkobold. »Ich bitte vielmals um Entschuldigung, Fräulein ... Frau ... gnädige Frau.«

»Nenne mich gefälligst ›Königliche Hoheit‹!« verwies ihn die kleine alte Dame. »Ich bin nämlich die Patin der Feenkönigin. Ich habe meinen Wecker auf halb nach Frühling gestellt, und jetzt ist es Viertel vor Winter! Was unterstehst du dich, mich mitten in der Nacht zu wecken? Ich bin eine alte Dame, und ich brauche meinen Schlaf. Ich befehle dir, diese königliche Eiche sofort zu verlassen!«

»Ich weiß aber nicht, wohin ich gehen soll«, rief der kleinste Winterkobold. »Ich habe meine Schneeflocken verloren, und deshalb kann ich

nicht nach Hinterwinkelhausen zurückkehren.«
»Dann geh heim ins Winterkoboldland hinter dem Polarkreis«, befahl die Patin der Feenkönigin.
»Das ist unmöglich«, antwortete er. »Ich müßte mit einem Südwind reisen, und bis zum Januartau fährt kein Südwind ab. Könnte ich nicht hierbleiben, bis ...«
»Nein, ausgeschlossen«, unterbrach sie ihn. »Laß mich überlegen ...« fuhr sie nachdenklich fort. »Würden dir neue Schneeflocken aus deinen Schwierigkeiten helfen?«
»O ja!« piepste der kleinste Winterkobold. »Dann könnte ich meine Stadt weihnachtlich schmücken.«
»Also gut«, sagte sie. »Du sitzt auf einer Matratze der glücklichen Träume. Sie ist gefüllt mit Tausenden und aber Tausenden von Federchen, die den Jungvögeln beim ersten Flug ausfallen und von den Waldelfen für mich gesammelt werden. Ich werde sie in Weihnachtsschneeflokken verwandeln.«
»Kannst du das wirklich?« fragte er.
»Natürlich kann ich das!« lachte sie. »Hast du noch nie gehört, daß ich einen Kürbis in eine

herrliche Karosse und Mäuse in prächtige Pferde verwandelte, damit ein braves Mädchen namens Aschenbrödel zum Ball gehen konnte? Aber etwas mußt du wissen«, warnte sie. »Am Weihnachtstag untersteht aller Zauber dem Weihnachtsgeist. In der Weihnachtsnacht wird mein Zauber um fünf Minuten vor zwölf gebrochen sein, und dann verwandeln sich die Schneeflocken wieder in Federn.« »Oh, das macht nichts«, rief der kleinste Winterkobold. »Der Weihnachtsgeist wird vorher nach Hinterwinkelhausen kommen.«

»Also gut«, sagte die Patin der Feenkönigin. »Halt dich an der Matratze fest!« Dann schloß sie die Augen, hob die Arme in die Höhe und sang:

»Engelshaar und Weihnachtsglocken!
Federn, entfedert und werdet zu Flocken!«

Die Matratze schien sich wie ein Ballon mit Luft zu füllen. Sie stieg mit dem kleinsten Winterkobold zu dem Loch hoch oben in dem hohlen Eichenstamm empor und flog dann über die dunklen Wälder zum Kirchendach von Hinterwinkelhausen. Als sie landete, platzten ihre Säume, und da saß der kleinste Winterkobold auf Tausenden und aber Tausenden von allerschönsten Weihnachtsschneeflocken.

Er arbeitete die ganze Nacht hindurch, und als der Morgen kam, rollte er sich im Glockenturm zusammen und schlief glücklich und zufrieden ein in seinem Glauben, den schönsten Weihnachtsschmuck in der langen Geschichte der Winterkobolde geschaffen zu haben.

Und so war es auch. Die Bewohner von Hinterwinkelhausen sahen ihn als erste, und sie bestaunten ihn mit offenem Munde. Gegen Mittag kamen dann die Autobusse aus der Hauptstadt an, und die Leute aus der großen Stadt schüttelten den Kopf und sagten »Oh!« und »Ah!«, als könnten sie es kaum fassen, daß es irgendwo eine derartige Pracht gab.

Am Abend, als der Statthalter mit seiner Familie eintraf, war kein Platz mehr für einen einzigen Menschen, mochte er noch so klein und mager sein. Es war eine klare, kalte Dezembernacht, aber der kleinste Winterkobold hoch oben im Glockenturm war so aufgeregt, daß ihm ganz heiß wurde.

Die Stunden gingen in ihren Sechzig-Minuten-Stiefeln vorbei. Sechs Uhr, sieben Uhr, acht Uhr, neun! Der kleinste Winterkobold erkletterte die Spitze des Kirchturms und saß auf Wache; mit sorgenvollen Schokoladenaugen suchte er den östlichen Horizont ab. Was hielt den Weihnachtsgeist vom Kommen ab?
Durch das unruhige Murmeln der Menschenmenge hörte der kleinste Winterkobold zehn und elf Uhr auf klappernden Absätzen durch Hinterwinkelhausen laufen. Hatte der Weihnachtsgeist vergessen, daß es Weihnachten war?
Dann aber – genau um Viertel vor zwölf – räusperte sich unten ein Lautsprecher und verkündete mit rauher Kehle der jubelnden Menge, daß der Weihnachtsgeist mit höchster Geschwindigkeit und frohgemut auf dem Wege nach Hinterwinkelhausen sei.
»Oh, oh!« flüsterte der kleinste Winterkobold erregt vor sich hin. »Gleich wird er hier sein!« Er schaute hinab, um einen letzten prüfenden Blick auf seinen Weihnachtsschmuck zu werfen ... da rieb er sich erschrocken die Schokoladenaugen und sah nochmals hin.

Kräuselten sich schon einige Flocken am Rand? Hatten die meisten ein sonderbar eingeschrumpftes Aussehen? Sollten sich die Schneeflocken vor seiner Erdbeernase in Federn zurückverwandeln?
»Aber die Patin der Feenkönigin sagte doch, sie würden sich bis fünf Minuten vor zwölf halten!« rief er entsetzt. »Sie dürfen sich jetzt nicht zurückverwandeln!«
Aber so geschah es. Der Wind ergriff ein Dutzend, dann hundert, dann tausend und trug sie davon. In zehn Sekunden war der ganze schöne Schmuck verschwunden und das Kirchendach so kahl wie eine gerupfte Weihnachtsgans.
Der kleinste Winterkobold verbarg das Gesicht in seinem Mandelhalstuch und wurde ein Häufchen kummervollen Elends. Alle kleinen Knochen, Muskeln und Sehnen in seinem Tuttifrutti-Anzug, von den Lakritzengummischuhen bis zu seinem spitzen Hut, vergossen Tränen. So sehr erfüllten ihn Schmerzenstränen, daß sie ihm aus Augen, Ohren und Nase strömten. Er wurde zu einem kleinen Brunnen, der die ganze Kirche mit Leidesregen besprühte.
Plötzlich fühlte er eine wunderliche Wärme,

und als er aufblickte, sah er den lieblichen Weihnachtsgeist mit seinem Gewand aus Immergrün und seiner glitzernden Lamettakrone, die besetzt war mit Rubinen aus Stechpalmenbeeren.

»Noch nie«, sagte er zu dem erstaunten Winterkobold, »noch nie sah ich bei fast zweitausend Weihnachtsfesten etwas so Schönes!«

Als der kleinste Winterkobold hinunterschaute, gewahrte er eine Kirche, die aus reinstem Kristall geschnitten zu sein schien. Sein Tränenborn hatte jeden Teil des alten Gebäudes berührt – den Turm, den Glockenstuhl, das Dach, das Schnitzwerk an den Traufen, die schiefen Dachschindeln, die rissige Tür, die bröckelnden Stufen –, und jedes Tröpfchen war in der eiskalten Dezemberluft gefroren. Sterne, Mond und Lampenlicht schimmerten darauf, und durch die Glasur leuchtete die Kirche in blauen, goldenen und silbernen Farben.

Die Menschenmenge unten sah, daß der Weihnachtsgeist die Turmspitze der alten Kirche küßte, und sie sah, wie sein warmer Atem in der Winterluft zu Dampf wurde und einen Heiligenschein bildete. Dann beugte er sich lächelnd zum kleinsten Winterkobold und gab ihm einen Kuß. Über seinem spitzen Hut schwebte ein zweiter Heiligenschein, klein, aber rund und vollkommen wie die frohen Lippen des Weihnachtsgeistes.

In der Menge begann jemand zu singen, andere stimmten ein, und bald wurde es ein Chor von vielen fröhlichen Stimmen. Er stieg empor zum gestirnten Himmelsgewölbe der Weihnachtsnacht und verbreitete sich bis zu den fernsten Winkeln des Weihnachtsmärchenlandes:

»Er ist ein winzigkleiner Zwerg,
Und das ist halt sein Los.
Er saß nun hier an seinem Werk,
Obwohl nur halb so groß!

Hörst du je sein fröhlich Singen
Unterm tiefen Schnee erklingen,
Dankst du ihm aufs allerbest
Für das schönste Weihnachtsfest!«

Sanssouci-Geschenkbücher
UNTERHALTUNG GROSSGESCHRIEBEN

Wolfdietrich Schnurre
Die Weihnachtsmannaffäre
Erzählungen
79 Seiten. Gebunden

Schnurres Weihnachtserzählung spielt in der Zeit der Arbeitslosigkeit, um 1930 in Berlin. Eine kleine Gruppe von Weihnachtsmännern hat den Auftrag erhalten, für ein Kaufhaus Spielsachen zu verteilen. Sie gerät in unvorhergesehene Schwierigkeiten. Eine bezaubernde Erzählung, oft in Zeitungen und Zeitschriften abgedruckt.

Sanssouci-Geschenkbücher
UNTERHALTUNG GROSSGESCHRIEBEN

Pearl S. Buck
Weihnachtssterne
Erzählungen
74 Seiten. Gebunden

»Ja, wir brauchen Weihnachten«, schreibt die Autorin in ihrer Einleitung *Was Weihnachten mir bedeutet.* »Die Christen haben Weihnachten geschaffen; doch in jeder Religion, überall in der Welt, gibt es Tage, die Weihnachten bedeuten, Tage der Erneuerung und des Friedens.« In ihren beiden spannenden Weihnachtsgeschichten beschreibt sie diesen einst wie heute unveränderlichen Sinn des Weihnachtsfestes.

Sanssouci-Geschenkbücher
UNTERHALTUNG GROSSGESCHRIEBEN

Carl Zuckmayer
Eine Weihnachtsgeschichte
55 Seiten. Gebunden

Diese Weihnachtsgeschichte, die Ende der zwanziger Jahre spielt, zählt zu den schönsten weihnachtlichen Prosastücken deutscher Sprache. Gerade weil das fast unwirkliche Geschehen, bei dem Anfang und Ende völlig offen bleiben, in die Umwelt der modernen Großstadt gestellt ist, hebt sich das scheinbar nicht Glaubhafte um so glaubhafter von ihr ab«. (Süddeutscher Rundfunk)